Sen

Y TRAETH O DAN Y STRYD

Y TRAETH O DAN Y STRYD

HYWEL GRIFFITHS

Cyhoeddiadau
barddas

Ⓟ Hywel Griffiths/Cyhoeddiadau Barddas ©
Argraffiad cyntaf: 2023

ISBN 978-1-911584-64-3

Cyhoeddwyd gan Gyhoeddiadau Barddas.
Cyhoeddwyd gyda chymorth ariannol Cyngor Llyfrau Cymru.
Argraffwyd gan Y Lolfa, Tal-y-bont.

Cydnabyddiaethau

Crëwyd llawer o gerddi'r gyfrol hon mewn ymateb i gomisiynau, tasgau *Y Talwrn* BBC Radio Cymru ac Ymryson y Beirdd yr Eisteddfod Genedlaethol, a thrwy nawdd a chefnogaeth Llenyddiaeth Cymru, Eisteddfod yr Urdd, yr Eisteddfod Genedlaethol a llawer o gyrff a sefydliadau eraill. Diolch yn fawr iawn iddynt oll am yr ysbrydoliaeth. Rwy'n ddiolchgar iawn i Gyhoeddiadau Barddas am gyhoeddi'r gyfrol. Diolch yn arbennig i Eurig (fel erioed, ac am sylwadau ar ddrafftiau cynnar o lawer o'r cerddi), Aneirin, Iwan, Manon, Megan, Osian a Rhys am eu cwmni a'u cyfeillgarwch mewn talwrn ac ymryson. Diolch i ffrindiau yn Adran Daearyddiaeth a Gwyddorau Daear Prifysgol Aberystwyth, ac yn y Brifysgol yn ehangach, am eu cyfeillgarwch a'u cefnogaeth. Diolch i Dafydd Rhys a Chanolfan y Celfyddydau am alluogi i Eurig a minnau drefnu nosweithiau Cicio'r Bar. Diolch yn fawr iawn i Ceri Wyn am ei gyngor manwl ar y cerddi ac am lywio'r gyfrol trwy'r wasg; i Huw Meirion Edwards am ei olygu craff; i Alaw Mai Edwards am ei sylwadau ar ddrafft cynnar ac i Alaw, fy ngwraig, am sawl awgrym ar y drafft terfynol. Lluniwyd llawer o linellau'r gyfrol wrth gerdded ar hyd Rhodfa Plascrug a glannau afon Rheidol – diolch i Sami'r ci am ei gwmni tawel yntau, ac am gynnig adborth cadarnhaol bob tro. Diolch i fy nheulu, ac yn fwyaf arbennig, i Alaw, Lleucu a Morgan.

I Lleucu a Morgan

Rwy'n ddeugain oed eleni,
a dyma 'nyled ichi:
rwy'n cael eich cwmni chi eich dau
a theimlo'n iau nag ydwi.

Cynnwys

Arfogi 11

Rhaid i Bopeth Newid 12

Gweithio Cerdd 14

Y Traeth o Dan y Stryd 15

Llonydd 16

'Continue watching' 18

Arwres 19

Parti 19

Lloches 19

Y Daith 20

Goleuni Gŵyl 22

Tros Ryddid Daear 23

Cerdd Drothwy 24

Dianc 25

Traeth y De 27

Cloc y Gegin 28

Cymod 29

Cors 29

Cydbwysedd 30

I Alaw 31

Offer 32

Daeareg 33

Fforest Uchaf 35

Lil 36

Petra 40

Chwarae 42

Plastig 42

Grym 42

Breuddwyd 43

Gwn Glân a Beibl Budr 44

I Manon 45

Aber 46

Stamp Aber 47

Panorama Cors Fochno 48

I Hefin 49

Broc 50

'Dyfrdwy fawr, dwfr diferydd' 51

Pontcysyllte 53

Rhaeadr y Bedol 55

Llangollen 56

Pont y Galedryd 57

Cywydd Croeso Eisteddfod yr Urdd Sir Gâr 2023 .. 58

Generation Terrorists 59

Rhifo 60

Aderyn ar Ddydd Calan 2021 61

Dal Ati 61

Atgof 61

I Mam yn 70 62

I Cian Hedd 62

I Alun 63

Y Wal Goch 64

Cyfrifiad 2021 64

Crud 64

Sioe'r Tair Sir 65

Dychan i Afon Conwy 66

Yr Oerfel yn Hafna 68

Pwll 70

Tŷ Haf 71

Ailwylltio 71

Enwau 71

Tirlithriad 72

I Arwel a Manon 72

I Llewyn 72

I Rhiannon 73

I Heledd a Lowri 73

I Gwydion 74

I Morfudd 76

Nodiadau ar y cerddi 78

Arfogi

Te diogel wrth benelin,
tap i'r ap, a sgrolio'r sgrin
yn *bored* ...

... hyd nes canfod cae
sy'n un haid o hashnodau
gwaedlyd y gad, o lid gwâr;
troediaf Bwll Melyn Trydar.

Â'r we yn Bont Orewyn,
yn y *feed* mae gwaywffyn;
rhennir o frwydr yr heniaith
rat-at yr @ dros yr iaith;
maes y gad ydi'r *memes* gwell,
lleddir gydag allweddell.

Yna caf gan lu cyfoes
darian o *likes* drwy ein loes;
pwytho, er mwyn cario'r cae,
â nodwydd ein hashnodau,
troi can bawd yn gatrawd gall ...

Te oer. Mi wna'i bot arall.

Rhaid i Bopeth Newid

Heibio i'r ffenestri dwbwl
yn y Bae mae'r tonnau'n bŵl,
er hynny'n malu, trymhau
yn adwy cymunedau;
ac o soffa'r lolfa lân
ar rith ffôn wrthyf f'hunan
y mae hi'n haws, mwy na heb,
eu miwtio nag ymateb.

Ond fe ddaw fesul glawiad
y llif iau o lethrau'r wlad
fel rhyw afon flêr, ifanc,
a'i dŵr byw'n erydu'r banc,
yn adleisio cyffro cân
uchel ar Bont Trefechan;
adlais sy'n dal sŵn y dydd
yn agos beunos beunydd.

Mae hi'n hawdd, mi wn i hyn,
o dawelwch, eu dilyn;
o'r gadair ddofn, eofn wyf,
dweud fy nweud yn fwyn ydwyf.
Chwyldro glân dosbarth canol,
nid chwyldro rhydd y ffydd ffôl,
yw gair oer, sgleiniog ar sgrin
heb hefyd droedio'r pafin.

Mae'r hen bont yn bont i'r byd
a fu, a phont i fywyd;
cerddaf 'mla'n oddi tani,
at wawr wedi'i chysgod hi,
gan wybod bod, ac y bydd
yn nirmyg gwyllt y stormydd
aíon yn ddewr dragyfyth
o dan Bont Trefechan fyth.

Gweithio Cerdd

Hawdd gweithio cerdd, gwthio cân
i ofod rhyw gyflafan,
i grwsâd sy'n rhyngwladol,
neu i frwydrau oesau'n ôl,
hawdd sefyll i ddeisyfu
rhan o faes rhyw drin a fu.

Arfau oer yw arfau iaith,
tarianau'r twrw uniaith –
'yn fyddin, nawr, fe ddown ni!'
dywedant, o'r ddesg deidi;
dewrder y silffoedd derw
a'r MacBook gwyn ydyn nhw ...

Anos, â'r dde ar gynnydd
lawr y ffordd yn siglo'r ffydd,
ie, anodd iawn, bob yn ddau
greu'r odl a hogi'r awdlau;
anos, â nhw'n agosach,
lenwi bwlch ag englyn bach.

Ond fe wnawn, ac awn ganwaith
i roi ein cerddi ar waith,
rhown, â braw ar furiau'n bro,
resi geiriau i'w sgwrio,
heb weld cwpled cyffredin
amser a phellter yn ffin.

Y Traeth o Dan y Stryd

I ble'r aeth y traeth o dan y stryd?
Lle'r aeth baneri'r brotest a'r parêd?
Onid y beirdd sy'n newid cwrs y byd?

Be wnawn ni nawr wrth weld bod rhwd ar hyd
y gaib a wnaeth o'r pafin faricêd,
ac i ble'r aeth y traeth o dan y stryd?

Ai taflu golau cras neu siglo crud,
ai codi drych neu'i chwalu wnawn ni, dwed?
Onid y beirdd sy'n newid cwrs y byd?

Ni hidiais, gyda'r storm yn para cyhyd
a'r cenlli dwfn yn boddi caeau cred,
i ble yr aeth y traeth o dan y stryd.

Ni hidiais, â gofalon byw i gyd
yn dod yn donnau i chwalu'r traeth ar led,
ai gwaith y beirdd oedd newid cwrs y byd.

Mae cyfle iti gyrraedd nawr, mewn pryd,
cyn bod yr haul yn machlud, felly rhed
at lle yr aeth y traeth o dan y stryd
am mai gwaith beirdd yw newid cwrs y byd.

Llonydd

'Sa'n llonydd!' sibrydodd,
heb boeni am y meicroffon,
a'i ddwylo garw'n dal cylch eiddil y goron
mor ofalus.

Mi wrandewais,
a llonyddu ar y maes
yn fy ninas fy hun,
gan adael i garedigrwydd gwenau
lifo trosof fel dyfroedd afon Taf.

Llonyddu yng nghanol trobwll ynni heddiw
a byw ar obaith a baneri a chanu
a chwarae mig ag yfory.

Ond mae dinasoedd yn newid,
yn ymbellhau fel hen ffrindiau
ac yn colli 'nabod.

Ac mi ydyn ni'n gwisgo'n
blynyddoedd fel mygydau,
un yn cuddio'r llall;
pan lithra un mi ddaw un arall yn ei le.

Bywydau hapus yn mynd yn eu blaenau
hyd nes eu bod yn cwrdd
ar gornel stryd,

yn dod i'r golwg drwy ffenest y trên.

Gall llawer ddigwydd mewn deuddeg mlynedd,
ac er pob gofal
ni all yr un dim aros yn llonydd.

'Continue watching'

Mae'r nosweithiau'n gwibio heibio
fel rhifynnau cyfresi Netflix,
a does dim yn haws na disgwyl
i'r Drefn ein clymu
i'r rhifyn nesa
yn y *credits* agoriadol.

Noson ar ôl noson,
rhifyn ar ôl rhifyn,
hyd nes bod *box-sets* y blynyddoedd
yn pentyrru'n rhesi,

cyn inni sylweddoli na allwn
wylio eto o'r cychwyn.

Weithiau mae gwrthryfela
mor syml
â diffodd y teledu
cyn i'r rhifyn nesa gydio,

a chanfod eto beth elli di ei wneud
gydag amser.

Arwres

Enw? Oed? Ni chofnodwyd dim o hyn.
Does dim maen lle naddwyd
'er cof', oherwydd cofiwyd
yn ei lle'r holl ddynion llwyd.

Parti

*(yn dilyn y newyddion y bu partïon yn Stryd Downing
yn ystod y Clo Mawr)*

Nid y gân ond y gwahanu – nid cwis
ond cusan galaru,
nid gwin rhad ond dillad du,
nid uchelwydd ond chwalu.

Lloches

I'r rhesi, ni rown groeso – nid i'r fam,
nid i'r ferch – rhaid pwyllo …
ond rhown i elw bob tro,
arian budur neu beidio.

Y Daith

Mi fûm yn Nulyn droeon,
pob tro y gore 'rioed,
gweld gwyrddni ar y meini,
gweld rhyddid yn y coed.

Mi yrrais i trwy Lydaw
heb weld 'run enaid byw
yn orie mân y bore
a'r lleuad wrth y llyw.

Mi welais Basg yn Alcañiz,
a'r drymiau'n curo'n drist,
eu galar ar hyd Aragón
wrth gario Iesu Grist.

Mi welais demtasiynau Prâg
a'u gwrthod, bron i gyd,
mi doddais yn y clybiau nos
a rhewi ar y stryd.

Mi yfais win ar hyd y pnawn
ar sgwâr yn Rimini,
a chael fy sgubo gan y gwynt
o'r traeth i'm gwely i.

Mi fûm i ym Mologna,
yn hel fy mol, a chwrdd
â Chymro oedd yn caru'i wlad
yn well o fod i ffwrdd.

Ar gopa bryn yn Athen,
mi syllais ar y lloer,
y pridd dan draed yn chwilboeth,
a'r botel gwrw'n oer.

Mi grwydrais sgwariau Warsaw
un tro, ar fy mhen fy hun,
a mi a dyfnder Vistula
yn hapus a chytûn.

Y meysydd awyr prysur
a llwch gorsafoedd trên,
fe'u gwelais cyn y tyfais i
a'r freuddwyd hithau'n hen.

Goleuni Gŵyl

*(Gŵyl Cyhoeddi Eisteddfod Genedlaethol Ceredigion,
Aberteifi, 2019)*

Pan fo gorwel yr heli yn rhy ddu,
  a'r ddaear yn poethi,
    ein llên yn mynd gyda'r lli
    ewynnog, wir, be wnawn-ni?

Be wnawn-ni tra bo'n henwau'n ddiatal
  ymddatod i'r tonnau,
    a'r awen hithau'n denau,
    tonnau'r tir yn boddi'r Bae?

Nid troi i mewn, tua'r mynydd – ond troi mas
  tua'r môr aflonydd
    a chreu hafn gwyn, derfyn dydd
    i hwyliau; agor hewlydd

ein croeso'n llydan ar hyd y glannau
yn gyfandir, ac yn gae o fandiau
a rhubanau beirdd, ac ar ben byrddau
Pumlumon ac Uwch Aeron, yng ngeiriau
ein hyder ar hyd erwau Gwynionydd
a Mefenydd, y mae haf o wenau.

Awn o sarn i sarn, a fesul carnedd
o Ddyfi i Deifi lle tyf edafedd
ein hannibyniaeth, o'r hen dai bonedd
at dyrau'r mwynwyr, yn troi amynedd
diaros, oer y dirwedd yn ddawnsio,
a haf o wylo yn troi'n orfoledd.

Tros Ryddid Daear

Doedd dim ar feingefn plaen y llyfr i ddweud
y byddai'r allwedd hon yn agor pyrth
y celloedd yn y meddwl, yn dad-wneud
fy nghlymau gyda cherddi. Dyna wyrth
oedd dewis hwn o blith pamffledi llwyd
a llychlyd Cymru fu, cyfrolau maith
ar ddamcaniaethau ddoe; ro'n i yn rhwyd
ei fesur, eto'n rhydd i hedfan gyda'i iaith
i Rwsia, Sbaen a Moscow Fach a'r Glais.

Ac yno, yn nhywyllwch stydi flêr,
yn hwyr, un nos, goleuodd hwn â'i lais
y llwybr oedd o 'mlaen, fel cynnau'r sêr –
trwy gyfrol fach, ddi-nod, ces ddrws i fyd
sy'n fwy na Chymru, ac yn Gymru i gyd.

Cerdd Drothwy

(ar achlysur cyhoeddi strategaeth newydd Llenyddiaeth Cymru, 2022)

Mae'r gwynt yn codi eto o'r gorwel trwm,
yn troi cerrig y traethau yn gefnau crwm;

mae fflamau yn y goedwig, ar y mynydd a'r mawn
a'r haul yn uchel ar ganol prynhawn

yn crasu dolydd y llifogydd a fu,
a'r llinell lle bu'r dŵr ar dalcen y tŷ

yng nghysgod y rhewlif, ac uwch traethau gwyn,
lle mae cymunedau yn dal yn dynn

does fawr ddim i atal y gerdd a'r gân
rhag boddi yn y cenlli, rhag llosgi yn y tân.

Ond heddiw ar drothwy y newid mawr,
torchwn lewys a chodi'r geiriau o'r llawr;

yn nrysau'r dychymyg, lle mae'r enwau'n datod
mi godwn gwpledi yn fagiau tywod;

troi englyn yn ddeilen, yn gysgod rhag glaw,
yn gadwyn ar gangen, ac o law i law

pan ffeiriwn ni'n straeon ar draws y ffin
ac estyn eu lloches rhag y storom flin,

yma, lle mae llinell penllanw'r lli
ysgrifennwn bennod nesa ein hanes ni.

Dianc

Drysau lu o wydr slic
giatiau aneirif Gatwick
sy'n agor ar gefnforoedd
a chau ar wlad fach a oedd
am unwaith yn drwm ynof –
bro yn cydio yn y cof
yn rhy dynn, rhwyd o enwau,
tir llwm fel cwlwm yn cau.

Awr rydd o hast mor ddi-hid,
awr ddiwreiddiau o ryddid
di-stop lle gwerthir popeth,
awr rwydd o wario di-dreth
yw hon, ac awr ddiwyneb,
ddiamod o 'nabod neb,
awr o raid i glymu'n rhydd
edau siwrneiau newydd.

Rasio'r haul a'r sêr, a'u hel
awr wrth awr dros y gorwel
a wnawn, anghofio'n hunain
yn y diléit rhwng dwy lain,
yn ysgafn heb y gwasgedd
o orfod bod ar lan bedd
ein hiaith a'r ddaear hithau
a'u trai amheus yn trymhau.

Pa ddiben sydd i heniaith
yn hirlwm y marw maith?
A pha werth enwi'r dirwedd
yn saff o hamdden y sedd
rwydd hon sy'n garbon i gyd,
a chofio mewn llwch hefyd?
Pa les yw enwi, i'n plant,
fywydeg ein difodiant?

Pa ddiben? Down adre'n ôl
un dydd at lwybrau dyddiol,
trwy ddrws slic Gatwick atynt,
i ardd gaeth ein gwreiddiau gynt,
gwreiddiau sy'n ymestyn mwy
at y byd, heibio i adwy
ein darn o dir, enwau'n dynn,
yno o arfer, yn erfyn.

Traeth y De

Euthum ganwaith. Ymgynnull
o gylch gwydrau geiriau'r gwyll –
gweld ewyn golau-dywyll
y môr yn storom wirod
o seler dyfnder yn dod
i wneud daear yn dywod,

a mwynhau cwmni eco
doeau'r graig rhwng dŵr a gro,

a'r ewyn fel pe'n rhawio,
fesul cragen, fy enaid,
llyfnhau ei boenau'n ddi-baid,
er fy lles yn rhofio llaid
y gwaddod yn y gwddw.

Yma'n llachar o arw
gwelaf y wawr yn galw.

Cloc y Gegin

(Rhagfyr 2019)

Peidiodd bysedd du y cloc â throi
rhyw dro yn niwedd hydref; nid yn llwyr –
caent blwc o egni weithiau, yna, cloi,
nes peri imi ddrysu pa mor hwyr
yr oedd y plant i'r ysgol, neu pa bryd
y dylwn dynnu'u swper nhw o'r ffwrn.
Ni allwn beidio ag edrych arno o hyd
o arfer, nes i'r arfer fynd yn fwrn.
Ond dwi'n siŵr nad aeth y batri i ben
serch hynny, ac mae mymryn bach o ffydd
yn dawel bach fel tician yn fy mhen –
ac yno mae o hyd, a nos a dydd
fe gwyd ei ddwylo, fel pe'n trio dweud
na wyddai yntau, heno, beth i'w wneud.

Cymod

Pan ddaw'r wawr â chad oerach
rhyfel cartre'r bore bach,
cawn, uwch y sinc, yn chwys oer
â llygaid-brwydro-llugoer,
un dyn yn dod â'i wenau,
ac un a'i lygaid ar gau,
un mor siŵr, yr heriwr hy,
un a fyn roi i fyny.

Ond wedi i'r drin fy mlino
yn y drych cymylog, dro,
cytundeb y wynebau
hyn a gaf, cyn i'r tap gau.

Cors

O'i dyfnder clywaf dderi'n rhybuddio,
        fel o'r bedd, am foddi;
    ond, ganol haf, yfaf i
    nes suddo'n hapus iddi.

Cydbwysedd

Bydd weithiau'n wynt, neu bydd yn don ar draeth
pan weli le i lunio siâp y byd,
gan droi yr egni a fu gynt yn gaeth
yn ysbryd mawr a ddaw yn gyffro i gyd.

Ond cofia wedyn fod yn dywod mân,
synhwyra pryd i fod yn ddeilen fach,
yn eiliad dawel sydd rhwng nodau'r gân,
yn cael ei chwythu gan yr awel iach.

Mae dewrder yn y naill, ac yn y llall
dangnefedd; ac ar noson lonydd, hir
mi deimli'r blaned fach 'ma'n troi'n ddi-ball
ar echel gytbwys aer a môr a thir.

Y don a'r tywod. Gwynt a dail. Y mae
doethineb hir y ddaear rhwng y ddau.

I Alaw

Rhaeadru dros y creigiau oeddet ti
pan gwrddon ni'r tro cynta, dŵr yn wyn
a thlws gan aflonyddwch; neidiais i
er mwyn cael disgyn yr un pryd. Er hyn,
parhau yn ddigyfnewid wnaeth y graig,
tu ôl i lenwi anwedd roedd pwll du
yn disgwyl cael cofleidio gŵr a gwraig,
disgyrchiant wrthi'n datod clymau cry'.

Gosgeiddig, grymus yw dy lif yn awr,
o godi i'r gwastad eto, pŵer yw
pob ystum gennyt ar hyd erwau llawr
y dyffryn, ni all craig droi'r egni byw
o'r neilltu; rwyt ti'n hardd wrth hir lyfnhau
a llunio tirwedd newydd inni'n dau.

Offer

Mor daclus oedd hi pan gyrhaeddon ni
ym moelni canol gaeaf, brigau'r coed
afalau fel rhwydweithiau'n arwain lli'r
cymylau tua'r llawr, yn bell o oed
blodeuo. Crogai ambell raw a fforch
yn llonydd fel cofebau ar hyd wal
y sied, a weiar torrwr porfa'n dorch
ar fachyn, gwaddol gan y ddau fu'n dal
i dwtio y borderi'n ara' bach.

Ym mlerwch hyfryd haf mae'r lawnt yn las,
mae cadw'r gwyddfid rhag y borfa'n strach
a blodau gwyllt a chwyn yn llwyni bras.

Ond rhag i'r ddau synhwyro, mas yr af,
a chael bod coes y rhaw yn gynnes braf.

Daeareg

(i Lleucu a Morgan)

Fe'u casglwyd o'r traethau:

'Drych ar hon, Dad!'

Haen o gwarts yn fellten drwyddi,
llygad plwm yn wyneb y nesa,
a'r nesa wedyn wedi'i hollti'n lân,
un arall yn berffaith, berffaith grwn
a phob un â sglein y llanw diwetha'n
dyrchafu lliw a gwead.

'Alli di ei rhoi hi'n dy boced?'

Bellach maen nhw'n bentyrrau blêr
wrth ddrysau'r tŷ,
mewn bwcedi bach plastig,
yn ffiniau borderi cam yr ardd;

atgofion y blynyddoedd,
ac fel atgofion
wedi sychu a phylu,
ac wedi eu gwthio i gorneli cysgodol
i fagu llwch neu fwsog,

a'r rhai mwyaf arbennig
wedi'u dethol gan yr isymwybod

ac wedi'u gosod yn daclus
yn gasgliadau ar ddesgiau a droriau
stafelloedd gwely,

yn codi'n ôl at yr wyneb
eto ac eto
wedi i'r llanw gymhennu
bob hyn a hyn.

Fforest Uchaf

(enw coedwig ger y ffarm lle magwyd fi)

Mae'n risial mân ar sawl maes,
eirlaw yn llenni irlaes
dros fryn sydd fel pe'n wynnach
nag y bu; ar gaeau bach
y co' mae olion camau
aderyn du'n dirwyn dau
i'r cwrdd; yn hudo'r cerddwyr
ar hast tuag oedfa'r hwyr.

Ac yng nghangell y gelli,
at sain gwyn ei hemyn hi
daw cadnoid y coed yn ôl;
mi ddown-nhw yn hamddenol
gyda'r moch daear, a dod
i ennyn tylluanod
yno i oleuo'r wlad,
canhwyllau i'r cynulliad.

Uwch trwch tawelwch mae'r to
yn gain eglwysig yno,
ond â'r pluo'n cwato'r cae
llawr y curyll yw'r caerau;
â'r wlad dan lymder y wledd,
yn sŵn agos unigedd
eira iasoer yr oesoedd,
dim ond dau, am ennyd, oedd.

Lil

Mae'r stafell yn wag bellach,
agen fawr yw'r gegin fach
a noeth heb ei dodrefn yw,
y dwst, dywedwst ydyw,
Gors-goch, oedd yn groeso i gyd
yn y cof, yn wag hefyd.

Ni bu sain mor absennol
â holl sŵn ei llais o'i hôl –
rwy'n clywed diasbedain
ewyllys mawr y llais main
yn sŵn y bwlch, sŵn y byd
o'i alar yn dychwelyd.

A'r wawr yn Ionawr mor oer
fe rusiodd Chwefror iasoer.
Dihoenodd lleuad wanwyn
a'i golau brau yn y brwyn,
ac yn nos ein gwanwyn ni
Mawrth oedd yn gymorth iddi.
A lle bu mantell bywyd
yn ei gardd, mae'n foel i gyd.
Wedi'i gaeaf olaf un,
y dail sydd yn ei dilyn.

Yn ei haf fe redem ni
at y giât, tuag ati.
Gyda'i hwyl caem ein sbwylio,
â'i diléit wrth droi'r sied lo'n
ddinas, rhoi rhyw gynfas gwyn
hyd y wal, aem i'w dilyn
i droi iard yn gae pêl-droed,
a hynny yn ei henoed.
Er ei hoed ei direidi
deunaw oed oedd gyda ni.

Ofer nawr yw'n haf hir ni,
ofer yw casglu'r syfi
o gloddiau, ofer gwledda
ar ffrwyth ffydd ar hirddydd ha',
ofer yw disgwyl hefyd
silwét drwy'r iet o hyd.
Lliwiau haf sy'n ein llefain,
ond drwy'r ardd fe glymwyd drain.
Mae gwewyr mewn cysur co'
drwy y chwyn sy'n drwch yno.

Fel y frwynen eleni,
breuach, teneuach ŷm ni.
Fesul ffald a fesul ffos
y daw inni ein dunos;
ar gaead Lil, ergyd lem,
awn i roi lle chwaraeem
nesaf i'w Hebeneser,
rhoi glaswellt dan laswellt blêr,
a rhown ni y cwysi cain
yn y co' wedi'u cywain.

Trwy'r brwyn, fel y dirwyn dŵr,
diwedda Penrhyn Deuddwr.
Yn ei bedd rwyf yn boddi
fy Llangynog euog i.
I'r gors y sudda Sir Gâr,
i'w mawn du mae ein daear
fesul cae a fesul cof
yn dihengyd o'i hangof,
i gofio yn dragyfyth
fel rhyw ddaear fyddar fyth.

Wrth dy ochor, Lil, torrwn
fedd cefn gwlad a'r cread crwn,
a rhoi'r dydd i ddyfnder dŵr,
i heddwch Benrhyn Deuddwr.
I'r gors y rhown ni'r corsydd
a rhown ni'r siglenni sydd
yn dal ein hanes yn dynn –
yn y dwfn bydd pob defnyn
ohonom yn ei haenau,
gwaun lom amdanom, ein dau.

Mae'r stafell yn wag bellach,
ond yno fyth dy wên fach.
Fel cadwyn rhwng y brwyn brau
yn y dŵr, mae dy eiriau
yn un â'r siglen heno,
â daear frau drwy y fro.
Y mae'r gors yr un mor goch,
yr atgof heddiw'n writgoch,
a'r cof yn graciau hefyd,
mae'r gors yn fy mêr i gyd.

Petra

(Ebrill 2019)

Diwrnod arall
yn tywallt
y tyrfaoedd
i'r ceunant.

Talu'r ffi â cherdyn
a thynnu hunlun
i'w bostio'n sydyn,

ond mae'n rhy lachar,
neu'n rhy gysgodol,

ond dyna mae ffilter yn dda;

goleuo, tywyllu, llyfnhau
lle bu llifoedd
yn llifanu ar hyd yr oesoedd,

cyn gweld yr haul yn goleuo'r hollt
yn y ddaear ddofn
inni gael gweld yr hyn a welai'r rhai
a wyddai ei fod cyn y darganfyddiad.

Yno'n syfrdan ac yn sydyn, lle bu penseiri'n
llunio colofnau o wyneb y graig

dwi'n ôl mewn lolfa ar bnawn Sul y gorffwys,
y llenni ynghau
a phawb yn hepian yn llwch y gwresogydd trydan

wedi dewis o lyfrgell y ffilmiau VHS,

yn gwylio'r pedwar arwr
a ddewisodd adael i'r Greal gwympo o'u gafael
ac aros yn deganau i Amser.

'... follow me, I know the way!'

meddyliwn, fel Marcus Brody,

wrth i ninnau droi i ddringo'r Suk yn ôl at heddiw,

a chofio, serch hynny,
ei fod yntau wedi colli'i ffordd yn ei amgueddfa ei hun.

Chwarae

Os holl goliau'r erwau rhad ddiflannodd
i flaenwr mewn eiliad,
un dydd fe gefais, yn dad,
ailgodi yn gôl-geidwad.

Plastig

Gwelwn, os cloddiwn i'r clai dan foryd
ein hyfory difai,
y boddwyd, man lle byddai,
heulwen traeth dan ôl ein trai.

Grym

(mewn ymateb i'r cynllun i godi cerflun o gylch
haearn ger Castell y Fflint)

Â phob glawiad, fur cadarn – y dirwyn
Dyfrdwy oer a'i chollfarn
bob twr i'r dŵr; fesul darn
golcha hi dy gylch haearn.

Breuddwyd

Neithiwr ymddangosaist yn fy mreuddwyd
fel pe na bu blynyddoedd ers ffarwél
cusan ar Benglais, ers pan adawyd
pethau heb eu dweud, a Phasg yn hel
gwerth tymor o atgofion i ddau fyd
o negeseuon testun; wedi hyn
daeth gradd a swydd ac yna yn eu pryd
dwy briodas a dau deulu llawen, tyn.

Ai hoffi post ar Facebook ddaeth â thi
at ddrama anghofiadwy'r oriau mân?
Ai dyma ffawd pob atgof, ys gwn i –
er i'r blynyddoedd sgubo'r ffordd yn lân –
fel deilen a ddisgynnodd, ddoe, o'r coed
yn dawnsio ar hap ar awel canol oed?

Gwn Glân a Beibl Budr

(i Lleuwen, Capel y Morfa, Aberystwyth, Chwefror 2019)

Tra bydd Coed Gweunyddgwynion
bydd man dwfn, bydd emyn dôn
ar waered afon Pedwar,
bydd ton o galon Sir Gâr –
geiriau gras fu'n llusgo'r gro –
uwch heddiw yn ymchwyddo.

Rwy'n clywed afon Pedwar
yn amlhau geiriau gwâr
emyn iau ac emyn hen
yn ei lli, heno, Lleuwen;
mae eu cytgan amdanom
heno yn drech na'r hin drom.

I rannu cân, rhannu co',
Lleuwen, ti sy'n ein llywio;
y mae grym geiriau emyn
a gitâr heno'n gytûn;
yn dy alaw di eilwaith
trech cordiau na muriau maith.

Pan glywn ni di'n creu, Lleuwen,
hyder llais yn codi'r llen
a dŵr iaith sy'n mynd am dro
yn ddiatal rydd eto,
pwy a wad afon Pedwar
yn y gro'n tiwnio gitâr?

I Manon

(yn dilyn cyhoeddi Llyfr Glas Nebo*)*

Yn nhiroedd ein llenorion mae hi'n llwm,
yn llesg gan ofidion,
o waedd i waedd, newyddion y bore
sy'n bwrw cysgodion,
llifogydd beunydd, a bonion y coed
trwy'r cawodydd trymion
sy'n pydru, a chnydau duon o gae
i gae ac ar ymylon
y cwmwl mawr lawr y lôn yn Ewrop
a'r Amerig, olion
llawysgrifau sy'n llusgo i'r afon, mynd
at y môr digalon.

Ond wrth y môr, ar draethau ym Meirion
heno inni yn dy gwmni, Manon,
rhag pob arswyd, ddehonglwr breuddwydion
yno yn siarad trwy'r nosau hirion,
llanw o hwyliau llawnion sy'n ein mêr,
hyder dy sêr sydd yn llawn cysuron.
At ein gilydd, tynnu unigolion
i goflaid yr enaid a wnei di, Manon,
dal i agor y mae dy olygon.
Er bod tyrau rhyfel ar orwelion
holltodd dy flodau gwylltion y meini,
fe ddaw eu miri i'r gorsafoedd mawrion.

Aber

(*i Iwan, adeg lansio ei gyfrol* Gadael Rhywbeth)

Pan gei di saib rhag clera yn y lle,
pan fydd, am dro, y teithio'n dod i ben,
pan fyddi wedi blino ar lwybrau'r dre,
bydd cri tylluan uwch y Llyfrgell Gen
yn orie mân y bore, a bydd clych
yr eglwys ar ryw noson braf o Fai
yn atsain dros yr afon, hithau'n ddrych
i weld traeth awyr a phob llanw a thrai.

Ac wedi dilyn haul ei dŵr i'r bae
mi weli dirwedd Llŷn yn goflaid dynn
yn tynnu pawb ynghyd; ond heno mae,
rhwng canu dyddiau du a dyddiau gwyn,

rhwng telyn a gitâr, a meic a stôl,
y geiriau'n gadael, er mwyn dod yn ôl.

Stamp Aber

*(stamp a gyhoeddwyd ym 1971 i nodi adeiladu
Adeilad y Gwyddorau Ffisegol)*

Yng nghornel amlen denau
yn y sgwaryn melyn mae
graffiau, rhifau a phrofion,
nos a dydd a dawns y don;
mae ein holl sbectrwm yn hwn,
yr haul a'r sêr a welwn –
adeilad, crud o waliau
a gwydr nad yw byth ar gau.

Astudio, ffenest ydyw,
a ffrâm i'n holl gyffro yw.
Trwyddi hi treiddia o hyd
olau'r gorwel i'r gweryd,
heulwen mewn llyfrgell ddeulawr
drwy'r myrdd o ffenestri mawr
yn cronni'n haenau inni –
deall i'n hanneall ni.

Fel y stamp, felly'r campws,
weithiau'n ddrych ac weithiau'n ddrws
yn agor ar ragor yw,
adwy i'r drafodaeth ydyw;
mae'n gromlin gyfrin ar goedd,
lliwiau'n cysylltu lleoedd
ym mhedwar ban y blaned,
sgwâr o liw ein dysg ar led.

Panorama Cors Fochno

(i waith Rob Davies)

Ar rimyn panorama – y lluniwn
o'r llanw olygfa
uwch siglen heulwen yr ha'.

Â dŵr a chwrlid eira
uwch amau'r oes, â chamerâu, rhown sîn
y ffin yn ein ffonau,
cyfresi cof yr oesau,
dyfnder mud o fawn, dramâu
dyddiol, tragwyddol gwaddod a grym,
troi'r gramen yn dywod;

a rhown law, fesul cawod,
i rannu bît cur ein bod
o'r fan hon yn union, ganwaith, a rhoi
rhyw waedd rhag anobaith
ar y mawn oer am unwaith,
gwaedd ddieiriau'r lluniau llaith.

I Hefin

(i Dr Hefin Jones, i ddiolch am ei waith fel Deon
y Coleg Cymraeg Cenedlaethol)

Ym Mhencader mae gweryd,
sydd o blannu'n Gymru i gyd;
patsh wrth batsh mae blodau bach
yr haf yn tyfu'n gryfach
o greu o bridd a graean
le i'r myrdd o ddail ir mân.

Yn y glaw, rhag awel lem,
estyn yr ecosystem
a wnei, Hefin ddiflino,
ar hyd yr ardd, troi ar dro
o gŵys i gŵys gyda gwên
i hwyliog annog heulwen.

Hefin Ddeon-wyddonydd,
Hefin y ffaith, Hefin ffydd,
ecoleg y colegau
heddi sy' trwy Gymru'n gwau
(ecoleg radicaliaid
o gof yr Ogof, mae'n rhaid!)

ym mhridd y doeth, am wraidd dysg,
nyddu cymuned addysg
'mhob cornel, hyd nes gweled
yn ei lliw, ei hyd a'i lled,
ynni llon dan ei llawndwf –
gwinllan dysg yn ei llawn dwf.

Broc

(yn Gro Isa, Corwen, lle bu Turner yn darlunio afon Dyfrdwy)

A dim ond ôl ei phŵer 'wela' i
ym mhen draw'r llwybr, a thu hwnt i'r cae
nid oes ond braslun o benllanw'r lli.

Mae ar hyd ei dolydd wlâu di-ri
fel ystum braich a choes rhyw oed rhwng dau,
ond dim ond ôl ei phŵer 'wela' i,

dim byd ond brigau'n bentwr, ac i mi
yn llinell gynnil dail a changen frau,
nid oes ond braslun o benllanw'r lli.

Yn sŵn y dŵr drwy'r gro mae sibrwd si'r
cariadon yn yr haf, yn hŷn, yn iau,
a dim ond ôl ei phŵer 'wela' i

yn estyn braich llonyddwch, harddwch, sbri,
a chludo'r broc atgofion, yna'u gwau
i greu ei braslun o benllanw'r lli.

Pysgotwr, ffermwr, morwyn, gwas, daeth hi
â nhw ynghyd fan hyn, cyn ymbellhau:
nid oes ond braslun o benllanw'r lli
a dim ond ôl ei phŵer 'wela' i.

'Dyfrdwy fawr, dwfr diferydd'

(yn llys Glyndŵr yng Nglyndyfrdwy)

Mae'n fud uwch Dyfrdwy mwyach
lle canai beirdd. Llecyn bach,
yr A5, a rhip o wair
yn noddi praidd lle byddai'r
neuadd goed yn nawdd i gerdd,
a banc yn nawdd i bencerdd.

Dyma'r cae, ond mae'r cywydd
yn y coed fel deryn cudd;
does dim amlinell bellach,
a lle bu ei bennill bach
yn ffrâm i'r cyffro a oedd
yma'n toi y minteioedd,
rhyw ddweud anghyffwrdd ydyw:
can gair mewn cae unig yw.

Ond mae'r dŵr fu'n gynnwrf gynt
yn y gair eto'n gerrynt –
hen gri'n crynhoi yn y gro,
yr un dyffryn yn deffro.

Nid un afon mohoni,
nid un ei hun ydyw hi,
ond rhwydwaith twrw'r rhydau
a dŵr gwyn eu hyder, gwau
Twrch, Alwen, Llafar, Brennig,
â'u lliwiau'n ddur, a Lliw'n ddig,
a'u hanadliad symudliw'n
arllwys i'r llys yr holl liw.

Y gwrthryfel a welaf
yn fan hyn uwch afon haf;
torf fawr yn creu trofa yw,
erydiad pŵer ydyw
a'i eco'n cario i'r cae:
nid un dyn ond holl donnau
gwerin gwlad, graean a glaw,
dyfroedd diatal, difraw.

Pontcysyllte

Mynd a dod mae'r cychod cul,
yn wargam ar lwybr hirgul,
yn ddienaid hamddenol
saff iawn yn y croesi ffôl.

Ac mewn gwythïen denau
rhwng y rhesi meini mae
mewn camlas gyffur iasoer
ar yr echel uchel oer.

Cyffur y dŵr, cyffro dal,
fesul cam, fesul cymal
yng nghanllaw braw bywyd brau
uwch yr hafn, trechu'r ofnau.

O'r Dduallt y tywalltodd,
a gwau rhaeadrau yn rhodd,
cyffroi, fel coffi ar waith,
o un rhyd i'r holl rwydwaith ...

Ei dŵr hi a wyrdröwyd
i'r awyr las, ar wawr lwyd
oer y maen i chwarae mig
yn anweddiad anniddig.

Cylchred beniwaered, wâr,
diwel i fyny daear,
yn creu, wrth goncro'r awel,
lwybr arddun y dychryn del.

Ni thawodd y wythïen
a'i hynni gwâr. Deunaw gwên
meini clo sy'n gyffro i gyd:
deunaw bwa'n dwyn bywyd.

Rhaeadr y Bedol

Fesul maen a fesul mur,
islaw lloches gymesur cored hardd,
crëwyd hollt difesur,
dau gyfeiriad goferol.

Ond yn y fan daw'n llif unol, wedyn
yn un haid hamddenol,
deuluoedd fel dail ewyn
i droi o gylch y dŵr gwyn, i fwynhau'r
afon oer, a dilyn
pedolau tonnau, cael te
ar y llethr, crwydro'r llan, rhoi lle i harddwch.

Hŷn yw'r harddwch rhywle
heibio'r gornel, lle gwelir
hen bedol naturiol y tir yn troi
trywydd y gorlifdir
yn raddol, ac fel gwreiddiau
yn ymwthio'n grwm weithiau, yn gwyro
o dan gerrig llwybrau.

Peirianneg. Daeareg. Duw?
Ar y banc, ger y dŵr byw diwelodd
eu ffractalau'n ddilyw.

Llangollen

Mi groesais i'r bont hon yn blentyn bach,
fy mrawd a mi a Mam a 'Nhad,
gan ddwyn, dros ysgwydd, gip
ar fechgyn yn neidio oddi arni
a phlymio i'r pwll,
i droedfedd sgwâr, ddiogel, ddofn
rhwng craig a chraig,
oedd yn fesur o'u hieuenctid,
a'u chwerthin a'u sgrechain yn atsain
o'r bwâu.

Heddiw mae'r bechgyn a'r merched
yn dal i neidio
a nofio
a chanŵio
a chysgodi yn yr haf
ar y geulan o dan y dail,
neu'n gorwedd ar Gerrig y Llan
yn ffrydio cerddoriaeth,

ac yn dod i adnabod dŵr
fesul penwythnos,
dod i gael eu bedyddio yn nyfroedd y dduwies
hyd nes eu bod yn gwybod go iawn
lle yn union i neidio, nofio a chanŵio.

Ac eleni mi ddes i'n ôl
i'w canol
a'u gwylio eto, dros ysgwydd,
a cheisio peidio â mesur y blynyddoedd a aeth o dan y bont.

Pont y Galedryd

Pont frics dros gamlas lonydd ar y ffin,
a'r hwyaid yn parablu'n dawel bach,
rhyw le bach llwyd wrth ymyl traffordd flin
a chwch yn araf, araf ganu'n iach.

Gwnaed tro â brics, am nad oedd creigiau gwell
y bryniau eto'n brigo o dan draed,
ymarfer bach cyn bod breuddwydion pell
y seiri maen yn fwrlwm yn y gwaed.

Ond yma mae o hyd. A'r ceir yn rhes
mae'r bwa'n dal eu pwysau fel erioed,
ac fel y gorwel, mae yfory'n nes
o fod fan hyn yn dawel a di-nod

yn adeiladu pont heb wybod be
i'w ddisgwyl ar y daith, na gwybod lle.

Cywydd Croeso Eisteddfod yr Urdd
Sir Gâr 2023

Dewch, nentydd mynydd a mawn,
i gae irlas a gorlawn,
daear werdd y cyngherddau –
i'r ŵyl lle daw Cymru i wau
yn un cerrynt sy'n cario
hyder grym ifanc 'da'r gro;
dewch i'r sgwâr a drama'r dre,
i Sir Gâr, i sioe'r geirie.

Heddiw hael yw'r broydd hyn,
yn hael fel oedd Llywelyn,
a'u croeso'n llifo'n llafar;
Gwydderig sy'n gerddi gwâr
a dŵr Brân sy'n gân i gyd,
afiaith yw Sawdde hefyd.
A Thywi hithau? Awen
yw ei llif, penllanw'n llên.

Dewch ym Mai yn finteioedd,
lond gwlad i'r ystrad, lle'r oedd
emyn yn treiddio'r trumiau
a gardd a sgwennwyd o gae.
Dewch i'r clwb a dewch i'r clos,
dewch, wir! A dewch i aros!
I olau cân a chlec iaith,
yn rhan o genlli'r heniaith.

Generation Terrorists

*(i nodi 30 mlynedd ers cyhoeddi albwm cyntaf
y Manic Street Preachers)*

Diogodd y nawdegau
yn gur mewn stafell ar gau,
rhyw ddiogi'r arddegau.

Ond â'r waedd, drwy yr heddwch,
â dryms a gitârs yn drwch,
cordiau'n llid, pob credu'n llwch,

rhwygodd riff trwy'r tir diffaith
yn ebill o anobaith
pur a dig i fapio'r daith.

Rhifo

I'n canrif dim ond rhifau ydyn ni,
    cod noeth o ddigidau
    diwyneb yn rhes denau,
    yn rhes rhwng marw a pharhau.

Aeth canrif ers ein rhifo – fil wrth fil
    yn gyfalaf eto,
    hel dyn yn daliad yno,
    yn gelc i gyfrif o'i go'.

O dalu, daeth y dylif i wario
    yr arian o'r cyfrif,
    ei wario yn aneirif
    i ddiwel rhyfel di-rif.

O fwled ein cyfalaf – eto fyth,
    tyf o un y nesaf,
    a llu a dyf o'r lleiaf
    yn Nhrawsfynydd hwyrddydd haf.

Un Elis oedd i'w deulu – yn Hedd Wyn
    a'i ddawn yn cyfannu,
    ond daeth, wedi'r ffosydd du,
    yn Hedd Wyn i'w feddiannu.

Yn un dyn, wrtho'i hunan – un mab oedd,
    ond mae byddin gyfan
    yn ei enw'n gyfanian.
    'Dyn ni i gyd yn ei gân.

Aderyn ar Ddydd Calan 2021

Dy galennig, o'th frigyn – y ddimai
    ddiamod – sy'n disgyn
    a'i nodau'n sgleinio wedyn
    yn saff yn fy nghalon syn.

Dal Ati

Daw â'i graean gwahanol yn y man,
    ond mynnaf, yn ddyddiol,
    ddal gafael i adael ôl
    fy nhraed yn afon Rheidol.

Atgof
(Clo Mawr 2020)

Cloch dyner cân aderyn a glywodd
    o dan glo, yn blentyn,
    a deil yng ngho'r oedolyn
    haf a'i ardd gefn yn fwrdd gwyn.

I Mam yn 70

Yn Ebrill rhof bennill bach o ddiolch
    am bob ddoe sydd bellach
    yn rhoi i iaith awyr iach,
    ac i air wraidd rhagorach.

I Cian Hedd

(Awst sych 2022)

Cian Hedd, canwn heddiw –
yn y llwch ti yw ein lliw.
Yn sychder ein pryderon
ti yw'r dŵr, ie, ti yw'r don,
yr enw iau o'r hen oes
yn glasu ein gŵyl eisoes.

A phan fydd y tywydd 'to
yn yr ha'n bygwth crino
dalen ddiawen o ddydd,
Cian, ti ddaw â'r cywydd:
Cian Hedd, ein rhyfeddod,
yr un bach disgleiria'n bod.

I Alun

(fy nhad-yng-nghyfraith, i ddathlu ei ymddeoliad
o BIC Innovation)

Mae'n amser cadw'r daenlen, cau Excel,
rhoi cronfeydd data maith y rhifau bach
yng ngofal rhywun arall, peidio ymhél
ag arfer, strwythur, staff, a chanu'n iach
i'r myrdd swyddfeydd o Fynwy i Sir Fôn,
o Aber i Glawdd Offa, ac mi fydd
pobyddion, bragwyr, llaethdai 'mhen pob lôn,
pob busnes bach sy'n dal i gadw'r ffydd,
yn teimlo bwlch y weledigaeth glir,
y treiddio i galon problem, cyngor doeth
y wên a'r cwmni da, y trafod hir
a'r argymhelliad oer i'r fasnach boeth,
ond eto'n dal i rannu'r gwaddol sydd
yn dyst i'ch llafur ar hyd Cymru fydd.

Y Wal Goch

Fesul un, o furddunod – y cydiwn
    ar y cyd, fel defod,
    mewn llwythi o feini, am fod
    sail i lys o'u hailosod.

Cyfrifiad 2021

Mae'r afon, lle bu'n cronni ar y graig,
    ar y graff yn genlli;
    rhy serth i aros yw hi
    yn tywallt, hyd nes tewi.

Crud

Pan wy'n teimlo siglo si awelon
    a niwl hwiangerddi
    yn wlyb, hallt, mi lapia' i
    eu cawodau'n flancedi.

Sioe'r Tair Sir

Sioe'r Tair Sir, tir iasau oedd,
a throfâu ei thyrfaoedd
yn llwybrau cudd lle bu'r cae
ac yn faes o gynfasau:
teganau, tractorau, da,
giatiau a gêr pysgota,
y banc a'r Co-op yn ddi-baid
yn morio o gwsmeriaid
yn eu tents yn caniatáu
aduniad dros frechdanau.

Gŵyl Awst i dorf y glastir
ym milltir sgwâr tyrfa'r tir;
Dyfed, yn nhymor medi
yn mynnu hau rhyngom ni,
yn wlad o dan haen o lwch,
weiriau ein cyfeillgarwch,
yn aredig, am dridiau,
erw o dir rhwng talar dau.

Dychan i Afon Conwy

(noson Bragdy'r Beirdd, Eisteddfod Genedlaethol
Dyffryn Conwy 2019)

O Gonwy ddrwg, nawdd yw'r hyn
'fynna' i, nid ofn ewyn;
llwybr hawdd, nid pyllau bras,
a lôn, nid rhyw alanas
o lyn hyd at y glannau,
hewlydd y cywydd, nid cau
ffyrdd y Glêr, ond llawer llys
ar hewlydd sychder hwylus.

O Bentrefoelas iasoer
i Gonwy ddrwg, yn ddŵr oer,
chwyddo eto, deffro dyn,
o naddwr Ffos Anoddun,
wrth i gawod dy godi
ddafn ar ôl dafn a wnei di,
lleidr lli a dŵr llawer
mynyddig afonig fer.

O Gonwy gur, gwanwyn gau
o ddyli'n ein meddyliau
yw'r llif a wnest o'r llwyfan,
yn mynd â beirdd mawr a mân.

Aeth Twm mewn bwrlwm i'r bae,
a Gwyneth i'th ddŵr gwinau;
creu rhyd o Nei Karadog
(dyna ddŵr fel dannedd og)
a wnest ti, dwyn Nici'n wyllt,
a Ioro i'th lif gorwyllt;
naddu cwm nes claddu cân
Arwyn Groe yn y graean,
a do, fe aeth gyda'r dŵr
wên Myrddin, och o'r merddwr!

Rhag hynny, rhag dŵr Conwy,
i feirdd mae awdurdod fwy;
rhag Môr Coch, rhag ein trochi
yn haf ein Exodus ni,
i'n maes daeth Betsan Moses
i rannu llif er ein lles,
i symud y llys ymaith,
creu gorwel diogel i'r daith.

Wele, ni ydi'r dilyw,
cynnull beirdd yw'r cenlli byw.
Pe bai'r dyffryn yn llynnoedd,
a lli ar hyd man lle'r oedd
y caeau ir, byddai cân,
a gŵyl ar fin y geulan;
yn Llanrwst mae llanw'r iaith,
a Chonwy yn goch uniaith.

Yr Oerfel yn Hafna

(Medi 2022)

Medi yng Nghoed-y-Fuches-las,
dail dialar yn dal
i obeithio am law
gan yr awel gynnes.

Ond lle holltwyd y milenia
ar hyd haen gyfleus
o graig,
lle gwthiwyd gwythiennau'n llydan
i'w gwacáu,
lle mae gratiau haearn yn toi
arswyd dwfn y tyllau sydd ynghudd yn y drain

mae ias yn treiddio at yr esgyrn.
Gwynt traed y meirw?
Na, anadl
ysbrydion mwynwyr
na welsant, ac na welant olau dydd
ym meddrodau gwaglawn
palasau plwm
eu llafur.

Wrth yr hafn,
o dan yr arwydd i beidio â gadael sbwriel
na chynnau tân,
mae caniau Stella, pecyn creision
a lapiad Durex –
pob un yn wag,
ac yn dweud mai heddiw sydd drech,
a gwres ei haul ar ddail
yng Nghoed-y-Fuches-las.

Pwll

Lle neidiai yr eogiaid
o dan helygen grom,
a sŵn eu dawns i'w glywed
o draw, fel cawod drom,
mae'n llyfn lle gynt bu cyffro crych
ar nos o haf, a'r gro yn sych.

Ond eto, down ni ato
ein dau, a chamu i'r dŵr,
mi glymwn bluen newydd
a'i thaflu yn ddi-stŵr,
oherwydd bod ceryntau'r lli
yn gwlwm tyn amdanom ni.

Tŷ Haf

Ger tai oer, gwâr y teras – heno mainc
    glan y môr sy'n fatras;
    wrth wacter wal y palas
    y mae un yn cysgu mas.

Ailwylltio

Na, nid fforest ond ffeirio syniadau,
    sŵn hedyn yn gwreiddio
    mewn tirlun sydd yn uno
    coed a bref er cadw bro.

Enwau

Mae'r haul yn llym ar wely'r enwau oll,
    a'r nant fu'n rhaeadru
    fel o lyn sy'n diflannu
    i anwedd dŵr y Mynydd Du.

Tirlithriad

(llosgfynydd Anak Krakatau, Rhagfyr 2018)

Ddoe, dros orwel yr heli – y llanw
    pellennig fu'n berwi;
    heddiw, mae'r don yn boddi
    glan môr y galon i mi.

I Arwel a Manon

(Neuadd Tyn Dŵr, Tachwedd 2022)

Daw un darogan, Manon ac Arwel,
    o gariad dwy galon;
    dau lais, dau deulu, dwy lôn
    yn nodau'ch addewidion.

I Llewyn

Ym mro Lleu, mae'n oleuach – mae lleisiau
    pob llys yn hapusach
    a'r alaw yn siriolach;
    llenwi'n byd mae Llewyn bach.

I Rhiannon

(ar ei phen-blwydd yn 40, Medi 2022)

Rhiannon, mae Aber heno mor llon,
 ac mae'r lli'n disgleirio;
 dŵr y teid sy'n codi'r to
 yn don o ddathliad yno.

I Heledd a Lowri

(ar eu pen-blwydd yn 40, Medi 2022)

I Heledd

Ugain mlynedd, Heledd, o hwyl, o'r Llew
 i dir llon y Brifwyl,
 heno i gyd sydd fel gŵyl
 yn ninas dy wên annwyl.

I Lowri

Oherwydd dy fod, Lowri'n ei hestyn
 wastad dros y cwmni
 yn annwyl, gwn y cawn-ni
 yn dy wên, dy heulwen di.

I Gwydion

(wedi iddo ennill doethuriaeth mewn daearyddiaeth
ffisegol o Brifysgol Abertawe)

Ar dir a môr ein stori
dewin oedd Gwydion i ni,
dewin o Fôn i Dawe
â llaw yn chwedlau pob lle,
ond dewin slei y düwch,
un â llais yn taflu llwch,
un dyn yn arwain y dall
yn ddewin o gamddeall.

Dewin oedd Gwydion inni.
Dewin wyt, Gwydion, i ni,
ond dewin sy'n creu deall,
yn mynnu dysg o'r mawn dall,
o dir, cael dealltwriaeth
o'r hin oer a'r hyn a aeth,
ac o wraidd dwfn y creiddiau
llenwi'r cof o'r llyn a'r cae.

Gwyddost, Gwydion, lle cronnodd
haen ar ben haen, lle crynhodd
lludw'r gorwelion llydan
yn y tir, o'r mynydd tân,
i lecynnau folcanig
yn y mawn yn chwarae mig.
Erys llais mewn cors a llyn,
ond dwedwst yw'r mwd wedyn.

Hen lais y tir glywaist ti,
sŵn ei ludw'n gwpledi,
gwelaist deffra'n gynghanedd,
straeon dirgelion eu gwedd
yn neunydd cywydd y *core*,
tamaid o gerdd pob tymor
yn haul a hèth, a'u plethu
ar fin y dŵr, o fawn du.

Mae heno 'Ngellimanwydd
lu, oes, yn dathlu dy lwydd;
yn afon Ceulan hefyd
Tal-y-bont sy'n bont i'r byd.

Yn d'enw mae dewiniaeth,
ddewin anghyffredin, ffraeth,
a fagwyd ger y Figyn
yn ymyl llif Moel y Llyn.

I Morfudd

(i ddathlu pen-blwydd curadur celf Llyfrgell Genedlaethol Cymru)

Mae'r Gen i Gymru ar gau –
nid yw'r hen goridorau
yn arwain, mwy, i'r un man;
clwy'r Covid sy'n cloi'r cyfan.

Ond os tawel orielau
heb eu lliw, yn ymbellhau,
daw llais i gerdded y lle
a llenwi fframiau'r llunie.

Morfudd, fel y dydd, yn dod
i lun â'i golau hynod,
dros droeon afon Dyfi
a gorwel llaes ger y lli.

Morf y wên, a Morf annwyl,
Morf yr haul a Morf yr hwyl,
Morf Teifi, Dyfi, a'r don
o olau ar ofalon.

Morf ei mam, a Morf famol
â chwtsh i'w phlant yn ei chôl,
ffrind a chymar â chariad
a nodded ledled y wlad.

Er gofid Covid mae cân –
cân hafaidd – ac yn hafan
y Gen bydd celfyddyd gain
Morf deg, a Morf y deugain!

Nodiadau

tud. 11   'Arfogi': *Y Talwrn* BBC Radio Cymru

tud. 12   'Rhaid i Bopeth Newid': *Rhaid i Bopeth Newid – cyfrol i ddathlu 60 mlwyddiant Cymdeithas yr Iaith*, gol. Dafydd Morgan Lewis, Y Lolfa

tud. 14   'Gweithio Cerdd': *Cyfansoddiadau Eisteddfod Amgen 2020*, Gwasg Carreg Gwalch

tud. 16   'Llonydd': *Cyfansoddiadau Eisteddfod Amgen 2020*, Gwasg Carreg Gwalch https://www.youtube.com/watch?v=lOctartd_gw

tud. 18   'Continue watching': *Gwrthryfel/Uprising: An anthology of radical poetry from contemporary Wales*, gol. Mike Jenkins, Culture Matters

tud. 19   'Arwres', 'Parti', 'Lloches': *Y Talwrn* BBC Radio Cymru

tud. 20   'Y Daith': Cylchgrawn *Y Ddraig*, Adran y Gymraeg ac Astudiaethau Celtaidd, Prifysgol Aberystwyth

tud. 22   'Goleuni Gŵyl': *Barddas*

tud. 23   'Tros Ryddid Daear': *Nithio Neges Niclas: Casgliad o Ysgrifeniadau Niclas y Glais*, gol. Hefin Wyn a Glen George, Y Lolfa

tud. 24   'Cerdd Drothwy': Llenyddiaeth Cymru, https://www.youtube.com/watch?v=DjI-KUvJfto

tud. 25   'Dianc': *Poetry Wales*

tud. 28   'Cloc y Gegin': *Dweud y Drefn pan nad oes Trefn*, gol. Grug Muse a Iestyn Tyne, Cyhoeddiadau'r Stamp

tud. 29   'Cymod', 'Cors': *Y Talwrn* BBC Radio Cymru

tud. 30   'Cydbwysedd': *Rhuddin*, gol. Laura Karadog, Cyhoeddiadau Barddas

tud. 32   'Offer': *Y Talwrn* BBC Radio Cymru

tud. 35   'Fforest Uchaf': *Barddas*

tud. 36   'Lil': *Barddas*

tud. 42   'Chwarae', 'Plastig': *Y Talwrn* BBC Radio Cymru

tud. 42   'Grym': Ymryson y Beirdd yr Eisteddfod Genedlaethol

tud. 47   'Stamp Aber': *Ceiniogau'r Werin/The Pennies of the People*,
          gol. Anwen Jones, Prifysgol Aberystwyth

tud. 48   'Panorama Cors Fochno': *Panorama*, Robert Davies

tud. 50–57 'Broc', 'Dyfrdwy fawr, dwfr diferydd', 'Pontcysyllte', 'Rhaeadr y Bedol',
          'Llangollen', 'Pont y Galedryd': Cefnogwyd y prosiect hwn gan Gronfa
          Treftadaeth y Loteri Genedlaethol ac fe'i rhoddwyd ar waith trwy
          gynllun partneriaeth Ein Tirlun Darluniadwy.
          https://www.clwydianrangeanddeevalleyaonb.org.uk/projects/
          taith-farddonol-dyffryn-dyfrdwy/?lang=cy

tud. 58   'Cywydd Croeso Eisteddfod yr Urdd Sir Gâr 2023': *Rhestr Testunau
          Eisteddfod Sir Gâr 2023*, Urdd Gobaith Cymru

tud. 60   'Rhifo': *Canrif yn Cofio – Hedd Wyn 1917–2017*, gol. Ifor ap Glyn,
          Gwasg Carreg Gwalch

tud. 61   'Atgof': Ymryson y Beirdd yr Eisteddfod Genedlaethol

tud. 64   'Y Wal Goch': *Barddas*

tud. 64   'Cyfrifiad 2021', 'Crud': *Y Talwrn* BBC Radio Cymru

tud. 68   'Yr Oerfel yn Hafna': *Stravaig*

tud. 70–72 'Pwll', 'Tŷ Haf', 'Ailwylltio', 'Enwau', 'Tirlithriad': *Y Talwrn*
          BBC Radio Cymru

79